Tigran Aleksanyan

A possível adesão da Arménia à UE

Tigran Aleksanyan

A possível adesão da Arménia à UE

Uma perspetiva económica

ScienciaScripts

Imprint

Any brand names and product names mentioned in this book are subject to trademark, brand or patent protection and are trademarks or registered trademarks of their respective holders. The use of brand names, product names, common names, trade names, product descriptions etc. even without a particular marking in this work is in no way to be construed to mean that such names may be regarded as unrestricted in respect of trademark and brand protection legislation and could thus be used by anyone.

Cover image: www.ingimage.com

This book is a translation from the original published under ISBN 978-3-659-85667-9.

Publisher:
Sciencia Scripts
is a trademark of
Dodo Books Indian Ocean Ltd. and OmniScriptum S.R.L publishing group

120 High Road, East Finchley, London, N2 9ED, United Kingdom
Str. Armeneasca 28/1, office 1, Chisinau MD-2012, Republic of Moldova, Europe
Printed at: see last page
ISBN: 978-620-3-68993-8

RECONHECIMENTO

O autor exprime a sua profunda gratidão ao Professor Tatoul Manasserian pela sua inestimável ajuda e orientação.

Índice

CAPÍTULO 1   5

CAPÍTULO 2   16

CAPÍTULO 3   22

CAPÍTULO 4   39

Introdução

Inicialmente constituída por seis membros fundadores, a Comunidade Europeia do Carvão e do Aço, a União Europeia foi objeto de várias expansões. Atualmente, é constituída por 27 países membros e tem 3 países candidatos. A expansão vai, grosso modo, da Europa Ocidental para a Europa Central e depois para a Europa Oriental, envolvendo também países pós-socialistas.

Cada vez mais países estão a tentar tornar-se membros da União Europeia por várias razões.

Em primeiro lugar, consideraram o capitalismo uma forma de desenvolvimento melhor do que as economias planificadas e de comando.

Em segundo lugar, os mercados europeus são um dos mais desenvolvidos do mundo, pelo que constituem um exemplo para os países pós-socialistas.

Em terceiro lugar, os países terceiros esperam um aumento dos rendimentos e uma melhoria dos padrões de vida após a adesão à UE.

Por último, há uma série de outras perspectivas benéficas decorrentes da adesão à UE para os países que pretendem aderir à UE, tais como a educação, a segurança, a abertura das fronteiras, etc.

A República da Arménia, que está em vias de concluir a transição da economia planificada e de comando para a economia de mercado, ainda não é um Estado candidato. As relações entre a UE e a Arménia, atualmente reguladas sobretudo pelo Acordo de Parceria e Cooperação UE-Arménia (APC) e pela Política Europeia de Vizinhança (PEV), estão a estreitar-se gradualmente. A Parceria Oriental foi lançada em 2009 pela Cimeira de Praga como uma parte específica da Política Europeia de Vizinhança para apoiar os países da Europa Oriental a acelerar e fazer avançar as reformas.

Os nossos objectivos são investigar o caminho percorrido pela República da Arménia desde o início da sua independência até à economia de mercado, o estado atual dos progressos realizados pela Arménia nesse caminho, as actuais relações económicas entre a Arménia e a UE e a possibilidade de aprofundar essas relações através da integração económica.

São feitas análises comparativas da economia arménia com a de um dos actuais países candidatos, a Turquia, para investigar a semelhança da economia arménia com o padrão da economia de um país candidato. Por último, o potencial económico do Cáucaso Meridional é avaliado à luz da adesão simultânea das três repúblicas desta região, a Arménia, o Azerbaijão e a Geórgia, à União Europeia.

CAPÍTULO 1

Panorama da economia da Arménia pós-soviética

<u>1.1   A economia arménia após o colapso do sistema de comando planeado</u>

Após o colapso da União Soviética, a República da Arménia enfrentou uma série de desafios na sua passagem de uma economia planificada de comando para uma economia de mercado. O terramoto destruidor, a guerra com o vizinho Azerbaijão, o bloqueio do país por este último e pela Turquia e, em especial, o enfraquecimento e, mais frequentemente, a abolição dos anteriores laços económicos com os países ex-soviéticos, a falta de experiência na gestão de uma economia de mercado e a ausência de instituições que permitissem a economia de mercado eram as principais caraterísticas da situação da recém-independente República da Arménia. A independência foi declarada em 21 de setembro de 1991. Em 1988-1990, já se notava um abrandamento do crescimento da economia e, em 1990, o PIB real correspondia a 94,5% do ano anterior. A queda do PIB real prolongou-se de 1990 a 1994, atingindo cerca de 53%. O PIB real comparado com o ano anterior em 1991, 1992 e 1993 foi de 88,3%, 58,2% e 91,2%, respetivamente. Um facto interessante neste contexto é que, entre 1991 e 1998, o PIB nominal nas três moedas apresenta uma taxa de crescimento constante incrivelmente elevada, pelo que este crescimento nominal foi obtido à custa do aumento dos preços. O índice deflacionador do PIB era de 4161 em 1994.

O quadro 1 apresenta esta situação:

Quadro 1[1] : Dados sobre o PIB 1990-1998

	Rubles				drams				
	1990	1991	1992	1993	1994	1995	1996	1997	1998
Nominal Gross Domestic Product (GDP)									
Billion	10.1	16.0	62.5	853.1	187.1	522.3	660.3	798.5	951.9
(mln. US dollars)			(323.7)	(492.2)	(643.3)	(1286.5)	(1597.0)	(1600.8)	(1885.4)

---

[1] Peculiarities and stages of economic reforms in Armenia 1991-1998, Serviço Nacional de Estatística da República da Arménia, outubro de 1992

GDP index-deflator (previous year=100)		179.8	672.2	1495.6	4161.1	261.2	119.5	117.3	111.2
GDP (in % over previous year in comparable prices)	94.5	88.3	58.2	91.2	105.4	106.9	105.8	103.1	107.2
GDP per capita thousand			17.0	228.6	49.9	138.9	175.0	210.9	250.9
(US dollars)			(87.8)	(131.9)	(171.7)	(342.2)	(423.2)	(422.8)	(496.9)

Como se pode observar no Quadro 1, a economia começou a recuperar em 1994, quando se registou um crescimento real positivo de 5,4%. No total, o crescimento entre 1994 e 1998 foi de cerca de 32%. Isto significa que, apesar de um crescimento positivo de 5 anos, no final de 1998 o PIB correspondia a cerca de 62% do registado em 1990. Com o ano de início do crescimento positivo, a Arménia está a passar à frente de outros países da CEI[2][3][3] e é mais comparável com os países da Europa Central e Oriental (PECO) e os países bálticos, como se pode ver no quadro 2, que justapõe as taxas de crescimento do PIB da Arménia e de outros países em transição para o período de 1990-1999:

Quadro 2[3] Crescimento do PIB nas economias em transição (variação percentual em relação ao ano anterior)

	1990	1991	1992	1993	1994	1995	1996	1997	1998	1999	Year growth started
CEE	-7.0	-14.7	-5.9	-0.4	4.1	5.2	3.3	1.0	3.7	3.4	1994
Baltics	-3.4	-10.6	-26.0	-13.3	-3.4	2.8	4.0	7.9	4.5	-1.2	1995
CIS	-3.3	-8.1	-21.2	-11.4	-15.4	-5.8	-0.4	1.3	2.3	3.7	1997
Armenia	-5.5	-11.7	-41.8	-8.8	5.4	6.9	5.9	3.3	7.3	3.3	1994

Fonte: Autoridades nacionais; estimativas do FMI.

Nos primeiros anos de tentativas para formar uma economia de mercado, o país enfrentou também um elevado nível de instabilidade no nível dos preços. Durante todo esse período, registou-se uma elevada taxa de inflação, tendo o índice de preços no consumidor (IPC) em 1991 aumentado 274,1[4] em relação a 1990. Em novembro de 1993, foi introduzida a moeda nacional da Arménia, o Dram, que começou

---

[2] Também a República do Quirguistão e a Mongólia são excepções na CEI, com o início de taxas de crescimento positivas

[3] Growth challenge and government policies in Armenia, a World Bank country study, Lev M. Freinkman, EUA, fevereiro de 2002, p. 29

[4] Estes e os seguintes dados do presente subcapítulo são fornecidos pelo Serviço Nacional de Estatística da RA

imediatamente a desvalorizar-se de forma muito acentuada, fazendo com que o IPC atingisse o seu nível mais elevado durante todo o período de independência, com 5062,3 em 1994, em comparação com 1993. Ultimamente, a hiperinflação foi ultrapassada e o índice do IPC em 1998 era de 108,7. O Índice de Preços no Produtor (PPI) e o IPC em 1990-1998 estão representados na tabela seguinte:

Quadro 3: Índices de preços no produtor e no consumidor (em relação ao ano anterior)

	1991	1992	1993	1994	1995	1996	1997	1998
Producer price index	227.6	1046.6	992.4	4814.2	385.4	122.4	119.0	113.4
Consumer price index	274.1	828.7	1922.9	5062.3	276.0	118.7	114.0	108.7

O que aconteceu com o comércio externo do país não foi surpreendente. Registou-se um declínio acentuado tanto nas exportações como nas importações. Ambas tinham diminuído para cerca de metade no primeiro ano de independência. Em 1991, as exportações representavam 44,8% de 1990 e as importações cerca de 57%. Uma queda ainda mais dramática foi registada em 1992, quando as exportações caíram para 9,3% e as importações para 13,6% do ano anterior. As explicações possíveis para este declínio acentuado são as seguintes

Os mercados de exportação disponíveis durante o período soviético já não existiam. Antes da independência, tanto as exportações como as importações representavam mais de 50% do PIB. Além disso, 98% das exportações e 79% das importações eram efectuadas com as outras repúblicas soviéticas. Assim, é óbvio que a economia arménia era demasiado vulnerável ao relaxamento das relações económicas com os países pós-soviéticos. Mas também não era possível encontrar rapidamente novos mercados de exportação fora dos antigos países soviéticos, uma vez que a qualidade dos bens e serviços produzidos na Arménia não era de longe satisfatória para os mercados mais desenvolvidos e tanto os gostos como as preferências eram obviamente também bastante diferentes. Para além dos factores anteriores, também o facto de a República da Arménia estar sob bloqueio dos países vizinhos pode muito bem explicar este tipo de diminuição acentuada do comércio externo, pelo menos a maior parte dele.

<u>1.2</u>   <u>Reformas económicas</u>

As primeiras reformas a empreender por um país que pretende passar de uma economia planificada-comando para uma economia de mercado têm de ser seguramente a nível da propriedade e da fixação de preços, de modo a que as principais propriedades de um sistema económico se transformem no sistema desejado.

Com as reformas, o governo começou com a privatização, em particular, a privatização da terra. Os agricultores receberam a terra gratuitamente. Como afirma o Banco Mundial: "Apesar das dificuldades, a Arménia implementou um dos programas de reforma agrária mais abrangentes das repúblicas da antiga União Soviética."[5] Este programa teve início em 1991 e foi basicamente realizado durante 1991-1992 e, em 1994, a maior parte das terras agrícolas tinha sido privatizada. Os subsídios aos produtores e aos consumidores foram basicamente suprimidos.

O segundo grande passo no sentido da criação de uma economia de mercado pelo governo do Estado A RA foi liberalizada. A partir de 1 de janeiro de 1992, o comércio externo e os preços, com exceção de um número limitado de bens (pão, medicamentos, alimentos para crianças, eletricidade, gás natural e líquido, transportes aéreos e intraurbanos, comunicações e serviços públicos), foram liberalizados. Foram adoptadas várias leis para regular a importação e exportação de e para o país.

Nestas circunstâncias, poder-se-ia esperar que estas reformas produzissem os resultados pretendidos, mas não foi o que aconteceu. As reformas não foram implementadas de uma forma complexa, ou

---

[5] Arménia: The Challenge of Reform in the Agricultural Setor, a World Bank Country Study, Washington, 1995

seja, estas reformas por si só não foram suficientes para dar o resultado desejado se não forem acompanhadas pela formação do sector privado e das instituições que o servem.

A formação do sector privado não se verificou durante estes anos, uma vez que os processos de privatização não prosseguiram no comércio, nos serviços, na indústria e noutros domínios da economia. Em 1991-1992, apenas 335 pequenos objectos tinham sido privatizados.

No que se refere ao sector da agricultura, existiam vários obstáculos que limitavam os efeitos finais das reformas no sector. As empresas fornecedoras de factores de produção para a agricultura e as empresas para as quais o produto agrícola era o fator de produção ainda não tinham sido privatizadas, o que resultava na ausência de concorrência no sector agrícola.

Só passados 2 a 3 anos é que as reformas foram prosseguidas. Este atraso foi significativo e contribuiu para que o desequilíbrio macroeconómico e a queda da produção fossem tão dramáticos. Esta interrupção das reformas resultou também no início tardio das reformas institucionais e estruturais, na criação de infra-estruturas de mercado e de uma legislação adequada, sem as quais nenhum sector privado pode ser desenvolvido e nenhuma atividade económica normal pode ser realizada, nem mesmo a atração de investimentos estrangeiros. Estes últimos representaram um montante insignificante de cerca de 28 milhões de dólares americanos em 1996.

Desde o final de 1994, as reformas aceleraram significativamente em todos os domínios, com exceção dos sistemas judicial e de serviços do Estado. O resultado mais significativo foi registado na privatização: durante o período de 1995-1997, foram privatizadas mais de 5764 pequenas empresas e 1402 médias e grandes empresas.

Atualmente, a República da Arménia tenta aplicar as reformas de segunda geração, que visam criar um ambiente que permita tirar partido das vantagens das reformas de primeira geração. Estas reformas, em especial, devem ter como objetivo um aumento da concorrência, juntamente com uma maior integração nos mercados internacionais de capitais, o aprofundamento dos mercados financeiros e a criação de condições para a absorção. Este argumento foi defendido por Saumya Mitra num livro do Banco Mundial[6] , no qual, para além de elogiar a Arménia como o Tigre do Cáucaso por ter atingido uma taxa de crescimento de dois dígitos durante vários anos consecutivos, se assinala a enorme necessidade deste tipo de reformas. Numa análise baseada nas classificações de transição do BERD, foi revelado o maior atraso. A política de concorrência, juntamente com o mercado de valores mobiliários e as instituições financeiras não bancárias, situa-se a 29% do nível desejado. Os maiores progressos registaram-se na privatização em grande escala, com 67% do nível desejado.

As reformas de segunda geração devem também ter como objetivo a luta contra a corrupção, que se tornou um dos principais obstáculos ao desenvolvimento do país. De acordo com o Índice de Perceção da Corrupção elaborado pela Transparência Internacional, a Arménia, juntamente com Madagáscar, o Níger e a Eritreia, ocupa o 123º lugar entre 178 países, com uma pontuação de 2,6 em 10.

1.3Avaliação   dos progressos realizados pela Arménia nos últimos 10 anos

Começaremos a nossa avaliação examinando o comportamento do PIB durante a última década. A partir de 2001, a economia arménia demonstrou uma trajetória de crescimento bastante impressionante,

---

[6] Arménia - o Tigre do Cáucaso, Banco Mundial, 2006

com uma taxa de crescimento de 9,6%. A partir de 2002, o crescimento foi ainda maior, com uma taxa de dois dígitos. O PIB continuou a crescer a uma taxa de dois dígitos até 2007, pelo que a taxa média de crescimento durante esses 6 anos foi de 13,1% (ver quadro 3). Em 2007, a Arménia foi o 6^ no mundo com a taxa de crescimento do PIB[7] . O maior contribuinte para estas elevadas taxas de crescimento foi o sector da construção. Em 2007, 33,7% da construção foi atribuída a objectos de valor produtivo.

Quadro 4[8] Produto interno bruto e PIB per capita 2001-2010 (a preços correntes)

Years		2001	2002	2003	2004	2005	2006	2007	2008	2009	2010
Nominal GDP	Billion Drams	1175.9	1362.5	1624.6	1907.9	2242.9	2656.2	3149.2	3568.2	3102,8	3509.6
	Million USD	2118.4	2376.3	2807.1	3576.6	4900.4	6364.5	9204.5	11662	8541.1	8625
Real growth rate (in %)		9.6	13.2	14.0	10.5	13.9	13.2	13.7	6.8	-14.1	2.6
Deflator		104.1	102.3	104.6	106.3	103.2	104.6	104.1	108.5	101.3	110.2
GDP Per capita	Drams	365849	424235	505914	593636	697088	824622	976068	1103348	956567	
	USD	659	740	874	1113	1523	1982	2853	3606	2633	
Dram/dollar Average annual exchange rate		555	573	579	533	458	416	342	306	363	

É fácil constatar a vulnerabilidade da economia arménia à crise financeira mundial.

Em 2009, registou-se uma queda dramática de 14,1% do PIB, após um crescimento médio de 11,9% durante os 8 anos anteriores. São vários os factores que contribuíram para que a recessão fosse tão grave para a

---

[7] Apenas o Azerbaijão, Angola, Butão, Timor-Leste e Qatar ficaram à frente da Arménia

[8] Dados do Serviço Nacional de Estatística da RA

Arménia: queda das exportações, das remessas e do IDE.

Devido à queda acentuada dos preços do cobre (cerca de 2/3 do seu valor) e do molibdénio (mais de 2/3 do seu valor), as exportações caíram 47% e o IDE 250 milhões de dólares americanos. Cerca de um tero de todas as exportaes foi composto por jias e diamantes dirigidos principalmente para a Blgica e a Rssia. No primeiro trimestre de 2009, o declínio neste sector foi de cerca de 58%, ultrapassando em 26% o mesmo valor do primeiro trimestre de 2008. As remessas para a Arménia caíram 30%, o que, por sua vez, provocou uma queda nos investimentos em construção por parte das famílias. No total, o principal sector impulsionador do crescimento económico, a construção, caiu mais de 50%. Este facto explica a maior parte da queda do PIB.

No entanto, o pacote de políticas anti-crise do governo da RA conseguiu travar a queda do PIB e, em 2010, já se registava uma pequena tendência positiva na economia: a taxa de crescimento era de 2,6%.

Vamos agora analisar o estado de progresso na transição da economia planificada e de comando para a economia de mercado. Para o efeito, examinaremos as pontuações dos indicadores de transição do Banco Europeu de Reconstrução e Desenvolvimento (BERD). As pontuações variam entre 1 e 4, com sinais de mais e menos (+ e - igual a 0,33)[9]. 1 indica nenhum ou pouco progresso e 4+ indica que a economia satisfaz os padrões de uma economia de mercado industrializada. Assim, se um país obtiver uma pontuação de 4+ em todas as categorias, isso significa que o país concluiu o seu percurso de transição de uma economia planificada de comando para uma economia de mercado. Para calcular a pontuação média na transição, devemos substituir, por exemplo, 3+

---

[9] Recuperação e Reforma, Relatório de Transição 2010, BERD

por 3,33 e 3- por 2,67, para que possamos primeiro somar todas as pontuações em todas as categorias e depois dividir pelo número de categorias.

Quando se calcula a pontuação média de transição para a Arménia, obtém-se cerca de 3,18, que é ligeiramente superior à da Geórgia (3,11). O pior desempenho no Sul do Cáucaso é o do Azerbaijão, com uma pontuação de 2,6. A pontuação da Arménia cede ligeiramente a pontuação média da Turquia (3,26) (ver quadro 4). A percentagem do sector privado no PIB destes três países é de 75%. A Arménia obteve a pontuação máxima de 4+ na liberalização dos preços e no sistema comercial e cambial, embora ainda haja muito a fazer na política de concorrência e em duas outras subcategorias em que obteve apenas 2+.

Quadro 5: Pontuação do indicador de transição 2010

| | Population (million) | Private sector share of GDP (percent) | Enterprises | | | Market and Trade | | | Financial institutions | | Infrastructure |
			Large-scale privatization	Small-scale privatization	Governance and enterprise restructuring	Price liberalization	Trade and foreign exchange system	Competition policy	Baking reform and interest rate liberalization	Securities market and non-bank financial institutions	ll infrastructure reform
Armenia	3.2	75	4-	4	2+	4+	4+	2+	3-	2+	3-
Azerbaijan	8.4	75	2	4-	2	4	4	2	2+	2-	2
Georgia	4.5	75	4	4	2+	4+	4+	2	3-	2-	3-
Turkey	69.7	70	3+	4	3-	4	4+	3-	3	3-	3-

Quando comparamos as médias dos indicadores de transição setorial, verificamos que a Arménia ultrapassa todos os países do grupo da Europa Oriental e do Cáucaso[10] . Em especial, a Arménia é o país com melhor desempenho na categoria Indústria geral, com uma pontuação de 3. No entanto, a Arménia tem uma pontuação muito baixa no domínio das participações privadas, o que, como se pode ver no quadro

___
[10] O grupo da CEE inclui a Arménia, o Azerbaijão, a Geórgia, a Ucrânia, a Moldávia e a Bielorrússia

seguinte, é comum a quase todos os países deste grupo.

Quadro 6 Indicadores de transição setorial 2010: Pontuação global

Sectors\Countries	Armenia	Azerbaijan	Belarus	Georgia	Moldova	Ukraine
Agribusiness	3-	2+	3-	3-	3-	3-
General industry	3	2	2+	3-	2-	2+
Real estate	3-	2	2	3-	2+	3-
Natural resources	3-	2+	1	2	3	2-
Sustainable energy	3-	2	2	3-	2+	2+
Electric power	3+	2+	1	3+	3	3
Telecoms	3	2-	2	3-	3	3-
Water and wastewater	3-	2-	2-	2+	2	2
Urban transport	2+	2	2	2+	3-	3-
Roads	3-	2+	2	2+	3-	3-
Railways	2+	2+	1	3	2	2
Banking	2+	2	2	3-	2+	3-
Insurance and other financial services	2	2	2	2	2	3-
MSME finance	2+	2	2	2+	2	2
Private equity	1	1	1	1	2-	2-
Capital markets	2	2-	2-	2-	2+	3-

Outro relatório importante é o "Nations in transit", publicado pela Freedom House. Este último avalia os progressos dos países em matéria de reformas democráticas. Enquanto as classificações de transição do BERD são mais ou menos optimistas, a classificação democrática atribuída pela Freedom House não o é. O país com melhor desempenho na região é a Geórgia, com uma pontuação de 4,86[11] . A Arménia é o segundo país, com uma pontuação de 5,43, e o Azerbaijão é o país com pior desempenho, com uma pontuação de 6,46.

Podemos também dar uma vista de olhos ao relatório anual Doing Business, que é uma publicação conjunta do Banco Mundial e da Sociedade Financeira Internacional. O relatório "Doing Business" fornece medidas quantitativas da regulamentação relativa à criação de empresas, à obtenção de licenças de construção, à obtenção de

---

[11] As pontuações variam entre 1 e 7, em que 1 representa o nível mais elevado de progressodemocrático e 7 o mais baixo. Ver Nações em trânsito 2011, Freedom house

eletricidade, ao registo de propriedade, à obtenção de crédito, à proteção dos investidores, ao pagamento de impostos, ao comércio transfronteiriço, à execução de contratos e à resolução de insolvências - tal como se aplicam às pequenas e médias empresas nacionais. Também analisa a regulamentação relativa à contratação de trabalhadores. Os indicadores subjacentes não têm em conta todos os factores importantes para a atividade empresarial, tais como as condições macroeconómicas, a dimensão do mercado, as competências da mão de obra e a segurança. Mas eles captam alguns aspectos-chave dos ambientes regulamentares e institucionais que são importantes para as empresas.[12]

No relatório Doing Business 2012, a Arménia ocupa o 55.º lugar[th] entre 183 países do mundo. O progresso em relação ao relatório anterior, em que a Arménia era o 61th , compreendeu 6 lugares. O líder no Cáucaso Meridional é a Geórgia, que é o 16th no ranking e progrediu 1 lugar em comparação com o relatório de 2011. O Azerbaijão é o 66th e a Turquia é o 71th . A título de comparação, vários dos actuais Estados-Membros da União Europeia, como a Bulgária, a Polónia, a República Checa, a Roménia, a Itália e a Grécia, ocupam, respetivamente, os 59th , 62th , 64.º, 72.º, 87th e 100th nesta classificação.

---

[12] Doing business 2012, Banco Mundial e Sociedade Financeira Internacional, EUA

CAPÍTULO 2
Arménia - UE: relações actuais

2.1 Relações comerciais com os países europeus

Ao analisarmos as relações comerciais entre a Arménia e a UE, podemos certamente constatar um facto surpreendente sobre a sua natureza. Por um lado, a Arménia depende fortemente do comércio com a UE, uma vez que esta última é o maior parceiro comercial da Arménia, com uma quota de 32,1% no total do comércio da Arménia com o mundo, que representa cerca de 1,2 mil milhões de euros. Por outro lado, é óbvio que a UE também pode fazer o mesmo sem a Arménia, uma vez que a parte da Arménia no comércio total da UE com o mundo é de cerca de 0,0%. Com esta participação no comércio total da UE, a Arménia ocupa o 108º lugar entre os parceiros comerciais da UE e a UE é o 1st parceiro comercial da Arménia. Os dois quadros seguintes apresentam a balança comercial da UE com a Arménia (quadro 7) e a balança comercial da Arménia com a UE (quadro 8).

Quadro 7: milhões de euros, %

Period	Imports	Variation (%, y-o-y)	Share of total EU imports (%)	Exports	Variation (%, y-o-y)	Share of total EU exports (%)	Balance	Trade
2006	339	- 34,0	0,0	478	+13,9	0,0	+138	817
2007	354	+4,5	0,0	604	+26,5	0,0	+250	959
2008	318	-10,2	0,0	670	+10,8	0,1	+352	988
2009	161	-49,5	0,0	534	-20,2	0,0	+374	695
2010	257	+59,9	0,0	557	+4,2	0,0	+300	814

Quadro 8: milhões de euros, %

Period	Imports	Variation (%, y-o-y)	EU Share of total imports (%)	Exports	Variation (%, y-o-y)	EU Share of total exports (%)	Balance	Trade
2006	592	+20,0	35,7	377	+2,7	48,1	-215	969
2007	822	+38,9	34,7	409	+8,6	48,8	-413	1232
2008	934	+13,6	30,8	387	-5,4	53,9	-546	1321
2009	643	-31,1	27,4	221	-42,9	44,5	-422	864
2010	781	+21,5	27,4	379	+71,3	49,6	-402	1160

Fonte: Eurostat

A situação é, em certa medida, diferente quando se analisa o comércio bilateral UE-Arménia por grupos de produtos. Assim, 0,3% das importações totais de ferro e aço da UE são importados da Arménia e, consequentemente, a Arménia é o 29º parceiro da UE no comércio de ferro e aço. A Arménia é o 48º país para o qual a UE exporta vestuário, com uma quota de 0,2%.

Ao considerar os parceiros comerciais da Arménia por grupos de países, verifica-se que a Alemanha é o maior parceiro da Arménia para as exportações, não só entre os países da UE, mas em geral entre todos os países parceiros. Em 2006, 2007, 2008 e 2009, a Alemanha ocupava a posição de 1st , 2n d, 2n d e 1st , com quotas de 15%, 14,8%, 17,4% e 16,2% no total das exportações arménias. A Alemanha tem também a maior quota entre os países da UE no total das importações para a Arménia, embora seja o quinto entre todos os países, com 5,3% em 2009[13] . A indústria de corte de diamantes é um dos ramos mais avançados da economia da Arménia. Em 2006, a Bélgica ocupava o 4º lugar nas exportações arménias e o 5º lugar nas importações. Em 2009, a Bélgica ocupava o 7º lugar e o 15º lugar no total das exportações e importações da Arménia, respetivamente.

Estes resultados não são, de longe, satisfatórios. Embora tenha sido registado um grande aumento de 17,4% no comércio bilateral em 2007, a crise que se avizinhava começou por abrandar o aumento do comércio bilateral em 2008, quando este era de 3%, e acabou por registar uma queda drástica de 29,7% em 2009. No entanto, em 2010, o volume do comércio bilateral foi quase tão elevado como em 2006, devido a um aumento de 17,1 %.

Isto não significa, evidentemente, que a UE não deva estar interessada

---

[13] Fonte: Serviço Nacional de Estatística da RA

no comércio com a Arménia, uma vez que o atual fraco desempenho do comércio bilateral deve ser atribuído a várias circunstâncias. Em particular, existem distorções nos custos de transporte devido ao bloqueio da Arménia e a uma política restritiva de transportes aéreos, o que faz com que tanto as importações como as exportações da Arménia não sejam razoavelmente dispendiosas. Nesta situação, é natural que a produção se concentre em bens de pequena dimensão mas de elevado valor, de modo a que os custos de transporte não sejam tão elevados por unidade de bens exportados. Em 2009, cerca de 14,8% do total das exportações da Arménia eram constituídas por pérolas naturais e cultivadas, pedras preciosas e semipreciosas e metais preciosos.

Este fraco desempenho das exportações pode, evidentemente, ser melhorado. Para o fazer, é necessário eliminar as distorções acima referidas, bem como outras distorções da economia.

22 Adaptação da legislação arménia às normas europeias e atual quadro jurídico de colaboração com a UE

O caminho da economia planificada-comando para a economia de mercado inclui vastas mudanças na legislação de um país para criar o ambiente onde a economia de mercado pode evoluir e desenvolver-se. Além disso, se um país procura uma integração estreita nos mercados internacionais em geral e a adesão a uma organização específica em particular, deve ter a sua legislação em conformidade com a da organização à qual pretende aderir. Foi o que fez a República da Arménia desde os primeiros anos de independência e continua a proceder a reformas da legislação com o objetivo final de a tornar conforme às normas da UE.

Uma das primeiras leis adoptadas pela RA para criar um ambiente propício ao desenvolvimento da economia de mercado foi a Lei da

Privatização, em 1992. Posteriormente, foram adoptadas várias leis tendo em vista o desenvolvimento da economia de mercado e da democracia no país. A primeira grande fase para tornar a legislação conforme com as normas internacionais teve como objetivo preencher os requisitos para se tornar membro da Organização Mundial do Comércio (OMC). O pedido foi apresentado em novembro de 1993[14], tendo a primeira reunião do grupo de trabalho sido realizada em 1996. Dezenas de actos legislativos foram elaborados e adoptados em 1999 e 2000. Estes actos legislativos incluem as leis sobre a proteção da concorrência económica, os contratos públicos, a avaliação da conformidade, a normalização, a segurança alimentar, as alterações às leis sobre patentes, direitos de autor e direitos conexos, marcas comerciais, marcas de serviço e denominações de origem dos produtos, alterações ao código de processo civil, ao código de processo penal, ao código aduaneiro e a uma série de outras leis e alterações. Por último, após 9 anos e 9 meses, a Arménia tornou-se membro de pleno direito da OMC em 5 de fevereiro de 2003 .[15]

A legislação da República da Arménia está também a ser alterada para ficar em conformidade com a legislação da UE, uma vez que as relações entre a UE e a Arménia evoluíram logo após o reconhecimento da independência da AR pela UE. O primeiro programa lançado foi o TACIS[16] com o objetivo de ajudar a criar uma economia de mercado, reforçar a democracia e o Estado de direito.

O Acordo de Parceria e Cooperação (APC) foi concebido em 1996 e começou a ser aplicado a partir de 1999. Os APC são quadros jurídicos, baseados no respeito dos princípios democráticos e dos direitos

---

[14] Inicialmente, o pedido era para aderir ao GATT, que mais tarde foi transformado em WT
[15] Accession of the Republic of Armenia to the World Trade Organization, documento de trabalho AEPLAC N15, maio de 2003
[16] Assistência técnica aos países da CEI

humanos, que estabelecem as relações políticas, económicas e comerciais entre a UE e os seus países parceiros. Em junho de 2004, foi concebida a Política Europeia de Vizinhança (PEV), uma vez que se verificou uma alteração das fronteiras da UE devido ao alargamento e que novos vizinhos passaram a rodear a União. A Cimeira de Praga, em maio de 2009, lançou a Parceria Oriental, estratégica e ambiciosa, como uma dimensão específica da Política Europeia de Vizinhança, para continuar a apoiar os processos de reforma sustentáveis dos países da Europa Oriental com vista a acelerar a sua associação política e integração económica com a União Europeia .[17]

Atualmente, os países que pretendem aderir à UE devem cumprir os chamados critérios de "Copenhaga", que exigem que o país candidato garanta:

- Estabilidade das instituições que garantem a democracia, o Estado de direito, os direitos humanos e o respeito e a proteção das minorias: os <u>critérios políticos</u>,
- a existência de uma economia de mercado em funcionamento, bem como a capacidade de fazer face à pressão da concorrência e às forças de mercado na União: os <u>critérios económicos,</u>
- capacidade para assumir as obrigações decorrentes da adesão, incluindo a adesão aos objectivos da união política, económica e monetária ,[18]

O último critério é conhecido como acervo comunitário, termo francês que se refere à legislação acumulada na UE até à data. O acervo tem 31 capítulos, nomeadamente a livre circulação de mercadorias, pessoas, capitais, etc. Em 2003, o Governo arménio iniciou a elaboração do

---

[17] Declaração conjunta da Cimeira da Parceria Oriental, Varsóvia 2011, Conselho da UE

[18] Acesso à União Europeia: direito, economia, políticas, 15^ edição, Nicholas Moussis, Serviço de Estudos Europeus 2006

programa nacional de aplicação do APC, com o objetivo de planear e organizar o processo de aproximação jurídica e outros processos relevantes de reforço das instituições e das capacidades, em conformidade com as obrigações decorrentes do Acordo de Parceria e Cooperação assinado com a UE e os países membros da UE, que entrou em vigor em 1999[19] . Embora tenham sido adoptadas várias leis e alterações às leis desde a independência da AR para cumprir as obrigações e normas acima mencionadas, o grau de correspondência da legislação arménia com a legislação da UE é ainda muito baixo. Das 42520 normas dos actos legislativos da UE, apenas 6,3% estão em conformidade com as normas dos actos legislativos da Arménia, enquanto 7,7% não estão em conformidade e 85,9% não existem de todo.

[19] A União Europeia em pormenor, manual AEPLAC, Yerevan 2006

CAPÍTULO 3

Uma comparação entre a Arménia e os actuais países candidatos à adesão

3.1 Análise comparativa da economia da Arménia com a da Turquia

A Turquia é um dos actuais países candidatos à UE, juntamente com a Croácia, a Antiga República Jugoslava da Macedónia, a Islândia e o Montenegro. Para a comparação da Arménia com um destes países candidatos à UE, achámos melhor fazer com a Turquia, uma vez que esta última é um país vizinho da Arménia e, em caso de adesão da Turquia à UE, a UE será diretamente vizinha da Arménia. Ao compararmos estas duas economias, comparamo-las também com a UE. Deste modo, podemos ver as diferenças entre as economias arménia e turca e aquela em que pretendem integrar-se.

O estado atual das relações entre a Arménia e a Turquia não é dos mais fáceis. Entre estes dois países vizinhos existem enormes barreiras, nomeadamente históricas e políticas. Existe comércio entre a Arménia e a Turquia, mas o comércio direto entre estes países não é possível por via terrestre devido às fronteiras fechadas. Assim, o comércio por via terrestre é feito através da Geórgia, dando a esta última uma posição monopolista e fazendo com que os custos de transporte para a Arménia sofram distorções quando comercializa com a Turquia. De acordo com os estudos da AEPLAC[20] , os custos de transporte representam cerca de 20-25% da estrutura de custos das exportações e importações. Esta situação impede a Arménia de produzir um PIB que poderia ser produzido se não houvesse esta distorção nos preços. Isto também significa que, em caso de reabertura das fronteiras, os custos de

---

[20] Arménio - Centro Europeu de Assessoria Política e Jurídica

transporte serão, em primeiro lugar, reduzidos e também capturados pelas empresas turcas que começam a operar nas rotas comerciais diretas Arménia - Turquia.

Dada a pequena dimensão da Arménia e a grande diferença entre os PIBs médios per capita da Turquia e da Arménia, pode argumentar-se que a Turquia não precisa realmente da Arménia como parceiro comercial. Atualmente, a parte da Arménia no comércio da Turquia com o mundo é inferior a 0,1% e a Arménia não se encontra entre os 50 principais parceiros comerciais da Turquia. Mas esse argumento não é sólido quando se vê a diferença entre as regiões da Turquia com o mesmo PIB per capita. De acordo com o Eurostat, as maiores diferenças regionais do PIB per capita registam-se na Turquia[21] . As regiões orientais da Turquia, em especial, estão longe da média da Turquia.

Assim, com base nos dados de 2002, o PIB per capita na Arménia era de 2950 USD, estimado com base na paridade do poder de compra, e na Turquia este indicador era de 6000 USD. Nas regiões orientais da Turquia, o mesmo indicador é cerca de 5 vezes inferior ao indicador médio da Turquia. Isto significa que esta região é 5 vezes menos desenvolvida do que a média da Turquia e, por conseguinte, cerca de 2,5 vezes menos desenvolvida do que a média da Arménia[22] . Consequentemente, a reabertura das fronteiras e a possibilidade de comércio direto através das fronteiras arménio-turcas é também do interesse da Turquia para harmonizar o desenvolvimento das suas regiões e garantir melhores padrões de vida para as suas regiões menos desenvolvidas diretamente vizinhas da Arménia. Outro estudo do centro de investigação "alternative" conclui que os preços da carne na

---

[21] Anuário regional do Eurostat 2010
[22] Estudo do impacto económico na economia arménia decorrente da reabertura das fronteiras turco-arménias, T. Jrbashyan, H. Barseghyan

Turquia são duas vezes mais elevados do que na Arménia. Isto também nos permite concluir que não só a Arménia, mas ambos os países vizinhos beneficiarão do comércio bilateral direto.

Vamos agora comparar os principais indicadores macroeconómicos, nomeadamente as taxas de crescimento do PIB e do PIB per capita. Ambas as economias registaram taxas de crescimento bastante elevadas até à crise financeira mundial. O declínio do PIB e do PIB per capita da Turquia foi menor do que o dos mesmos indicadores da Arménia. No entanto, as taxas de crescimento da Arménia antes da crise excederam largamente as taxas de crescimento da Turquia no mesmo período. Em 2010, a taxa de crescimento do PIB da Turquia é bastante notável, uma vez que é ainda mais elevada do que era antes da crise. Quanto à economia da Arménia após a crise, podemos dizer que apenas estabilizou com uma taxa de crescimento de 1%. A Turquia conseguiu atingir quase o mesmo nível de PIB per capita em 2010 em comparação com 2008. Enquanto o PIB per capita da Arménia em 2010 representava apenas 79% do de 2008.

Quadro 9: PIB e PIB per capita da Turquia 2005 - 2010

Turkey	2005	2006	2007	2008	2009	2010
GDP growth (annual %)	8	7	5	1	-5	9
GDP per capita growth (annual %)	7	5	3	-1	-6	8
GDP per capita (current US$)	7088	7687	9246	10298	8554	10106

Fonte: Banco Mundial

Quadro 10 PIB e PIB per capita da Arménia 2005 - 2010

Armenia	2005	2006	2007	2008	2009	2010
GDP growth (annual %)	14	13	14	7	-14	1
GDP per capita growth (annual %)	14	13	14	7	-14	1
GDP per capita (current US$)	1598	2080	2995	3787	2769	2996

Fonte: Banco Mundial

Quando comparamos os PIB per capita da Turquia e da Arménia com a média da UE, verificamos que, em ambos os países, estes indicadores se aproximam essencialmente da média da UE, correspondendo a cerca de um terço e um décimo desta última, respetivamente.

Vamos analisar as estruturas dos PIBs da Arménia e da Turquia e compará-las com a estrutura do PIB da UE. Em primeiro lugar, verificamos que a parte da agricultura no PIB tanto na Arménia como na Turquia é muito maior do que na UE. Em particular, entre 2005 e 2008, a parte da agricultura excede a da UE em 10 vezes e 5 vezes na Arménia e na Turquia, respetivamente. Em 2009, estes valores duplicaram. Em seguida, verificamos que a percentagem da indústria no PIB da Turquia é quase igual à da UE, enquanto o mesmo indicador excede largamente o da UE na Arménia. A diferença diminuiu nos últimos dois anos, 2009 e 2010, atingindo 11 pontos percentuais com a UE e 9 pontos percentuais com a Turquia.

Quadro 11: A estrutura dos PIBs na Arménia, Turquia e UE

Country Name	Value added (% of GDP)	2005	2006	2007	2008	2009	2010
Armenia	Agriculture	21	20	20	18	21	20
Turkey	Agriculture	11	10	9	9	9	10
EU	Agriculture	2	2	2	2	1	..
Armenia	Industry	45	45	44	45	35	34
Turkey	Industry	29	29	28	28	26	28
EU	Industry	26	26	26	26	24	..

Fonte: Banco Mundial

Se, antes de 2008, as percentagens de exportação do PIB na Arménia e na Turquia eram muito próximas, a partir de 2008 a percentagem de exportações do PIB na Arménia diminuiu essencialmente, enquanto o mesmo indicador na Turquia permaneceu praticamente inalterado. Assim, durante os últimos dois anos, a parte das exportações no PIB da Turquia excedeu duas vezes a da Arménia. Este indicador na UE excede tanto a Turquia como a Arménia. A percentagem da Turquia nas exportações arménias entre 2005 e 2009 variou entre 0,2 e 0,3 por cento, o que coloca a Turquia em 32.º lugar entre os mercados de exportação da Arménia. Este é um facto bastante interessante se tivermos em conta que estes dois países são vizinhos. No entanto, devido às fronteiras fechadas entre estes países, o comércio é efectuado através da Geórgia, no caso do transporte terrestre.

No entanto, as fronteiras fechadas não explicam tudo sobre o comércio bilateral entre a Turquia e a Arménia. Entre 2005 e 2009, a Turquia passou de 10^ para 4^ entre os países que exportam para a Arménia, com uma quota de 5,3% no total das importações para a Arménia.[23] No entanto, os preços estão distorcidos.

Quadro 12: Exportações e importações em percentagem do PIB, taxas de crescimento anuais na Arménia, Turquia e UE

Country Name	Indicator name	2005	2006	2007	2008	2009	2010
Armenia	Exports % of GDP	29	23	19	15	12	12
	Exports annual % growth	19	-7	-4	-13	-33	2
Turkey	Exports % of GDP	22	23	22	24	23	23
	Exports annual % growth	8	7	7	3	-5	5
EU	Exports % of GDP	37	39	40	41	36	..
	Exports annual % growth	6	9	5	2	-12	..
Armenia	Imports % of GDP	43	39	39	41	37	37
	Imports annual % growth	15	4	13	7	-21	1
Turkey	Imports % of GDP	25	28	27	28	24	26
	Imports annual % growth	12	7	11	-4	-14	15
EU	Imports % of GDP	36	39	39	40	35	..
	Imports annual % growth	6	9	6	1	-12	..

Fonte: Banco Mundial

Vale a pena observar o comportamento do índice de preços no consumidor na Arménia e na Turquia, uma vez que a União Europeia está bastante preocupada com a estabilidade dos preços. No início do período observado, a Arménia e a UE tinham o mesmo IPC. A Turquia apresentou um IPC mais elevado durante todo o período observado. Em todos estes três países, nota-se uma tendência constante de aumento do IPC em comparação com 2005. Em 2010, os preços no consumidor na UE, na Arménia e na Turquia aumentaram 12, 31 e 52%, respetivamente.

---

[23] Dados do Serviço Nacional de Estatística da RA

Quadro 13: Índices de preços no consumidor na Arménia, Turquia e UE (2005 = 100)

Country Name	2005	2006	2007	2008	2009	2010
Armenia	100	103	107	117	121	131
Turkey	100	111	120	133	141	153
EU	100	103	105	109	110	112

Fonte: Banco Mundial

As taxas de desemprego da Arménia, da Turquia e da UE diferem substancialmente umas das outras. Em 2005 e 2006, a diferença entre as taxas de desemprego da Turquia e da UE foi de apenas 2 pontos percentuais, enquanto em anos consecutivos esta diferença aumentou 1 ponto percentual, de modo que em 2009 foi de 5 pontos percentuais. A taxa de desemprego da Arménia é muito superior à da Turquia e à da UE. Em 2007, a taxa de desemprego da Arménia era 2,8 vezes superior à da Turquia e 4 vezes superior à da UE.

Quadro 14: Desemprego, total (% da população ativa total)

Country Name	2005	2006	2007	2008	2009	2010
Armenia	..	..	28	29	..	..
Turkey	11	10	10	11	14	..
EU	9	8	7	7	9	..

Fonte: Banco Mundial

3.2 Resultados previstos e possível impacto na cooperação regional da adesão de todos os países do Cáucaso do Sul e da Turquia à UE

As três repúblicas do Cáucaso do Sul, a Arménia, o Azerbaijão e a Geórgia, tinham economias estreitamente integradas durante o período da União Soviética. São países vizinhos regionais com fronteiras comuns. Após o colapso da União Soviética, estes países tentaram desenvolver as suas economias de forma independente, procurando integrar-se nos mercados internacionais. As disputas políticas na região e a guerra sobre o Nagorno-Karabakh entre a Arménia e o Azerbaijão eliminaram quase todas as relações económicas entre estes dois países. Durante a União Soviética, a Arménia e o Azerbaijão mantinham relações económicas bastante estreitas e as economias destes dois países estavam fortemente integradas. Por exemplo, 15% das importações totais e 80% dos produtos petrolíferos da Arménia eram importados do Azerbaijão. Este último importava cerca de 150 produtos industriais, mais de 60 tipos de maquinaria e bens electrotécnicos da Arménia para utilização na sua indústria, em especial nas indústrias petrolífera e química.

As circunstâncias políticas complexas perturbaram os laços económicos entre estes dois vizinhos e deram origem a uma situação na região em que os factores políticos excedem os factores económicos, mesmo quando a questão é a eficiência económica. Devido à complicada situação política no Cáucaso Meridional, os países não só evitam integrar-se mutuamente, como também iniciam projectos para excluir os países vizinhos. Além disso, iniciam projectos para se excluírem mutuamente, para os manterem fora dos projectos regionais e para utilizarem a desintegração de um país como um instrumento político e económico para questões políticas. Um exemplo disto é o seguinte. Em 2006, em Bussan, a Coreia do Sul, a Arménia e outros 17 países, incluindo a Turquia, o Irão, o Azerbaijão e a Rússia, chegaram a acordo sobre a criação de uma rede ferroviária que unisse a Ásia à Europa, passando por 28 países. Este projeto foi iniciado em 1960 pela ONU. No entanto, o Azerbaijão, a Turquia e a Geórgia, que participam no TRASECA, insistem na construção do caminho de ferro Baku - Tbilisi - Akhalkalak - Kars (Turquia). Este traçado exclui explicitamente a participação da Arménia neste projeto regional. Estes três países afirmam que este trajeto é o mais eficaz do ponto de vista económico, mas não houve empresas de investimento e de financiamento que mostrassem interesse no concurso internacional anunciado para encontrar investidores para este projeto. Vale a pena mencionar também que existe uma linha férrea já construída de Kars a Gyumri (Arménia) que está pronta a ser utilizada, mas que não é utilizada desde 1993. Tanto os EUA como a UE não apoiaram este projeto, argumentando que não era economicamente eficiente e era antidemocrático. A UE argumentou também que a exclusão da Arménia de um projeto regional é contrária à lógica e aos princípios da PEV.

No entanto, nenhum dos três países do Cáucaso do Sul é capaz de enfrentar sozinho os desafios do mundo globalizado e, em particular, os imperativos económicos deste último. A Comunidade de Estados Independentes (CEI) foi fundada pela Rússia, Bielorrússia e Ucrânia em 8 de dezembro de 1991 para integrar as antigas repúblicas soviéticas. Em dois anos, todas as antigas repúblicas soviéticas aderiram a esta formação, com exceção dos três Estados bálticos.[24] A Cooperação Económica do Mar Negro (CEMN) foi fundada em 19 de dezembro de 1990 por iniciativa da Turquia. Os três Estados do Cáucaso do Sul são membros da BSEC. Na realidade, porém, como já referimos, as relações entre a Arménia e o Azerbaijão são inexistentes, apesar das responsabilidades assumidas para a adesão à BSEC.

Vamos agora comparar brevemente as economias da Arménia, da Geórgia e do Azerbaijão. Já falámos do crescimento económico de dois dígitos da Arménia antes da crise financeira global. O quadro 14 mostra que não só a Arménia, mas também a Geórgia e, especialmente, o Azerbaijão têm demonstrado elevadas taxas de crescimento económico. As elevadas taxas de crescimento do Azerbaijão resultam principalmente do florescimento da indústria petrolífera, que representa

---

[24] A Geórgia deixou de ser membro da CEI em 2008 devido ao conflito sobre a Ossétia do Sul e a Abcásia

a maior parte do PIB. O Azerbaijão é um dos principais países exportadores de petróleo do mundo. Embora, devido à crise financeira global, a taxa de crescimento do PIB tenha abrandado, as exportações de petróleo permitiram ao Azerbaijão assegurar uma elevada taxa de crescimento também em 2009. O PIB cresceu 9% nessa altura, o que representa aproximadamente um terço do crescimento registado em 2007.

A Geórgia é o terceiro país do Cáucaso do Sul com a sua taxa média de crescimento do PIB durante o período observado. De qualquer modo, a Geórgia também registou elevadas taxas de crescimento do PIB antes da crise. A queda do PIB da Geórgia em 2009 foi menor do que a da Arménia no mesmo ano.

Em 2010, o PIB per capita mais elevado foi registado no Azerbaijão, enquanto o mais baixo foi registado na Geórgia. O mesmo indicador na Arménia é um pouco mais elevado do que na Geórgia. Consequentemente, a Arménia é o segundo país da região em termos de PIB per capita.

Quadro 15: O PIB e o PIB per capita nos Estados do Cáucaso Meridional

Country Name	Series Name	2005	2006	2007	2008	2009	2010
Armenia	GDP (current US$, mln)	4,900.4	6,384.5	9,206.3	11,662	8,541.1	9,264.8
Armenia	GDP growth (annual %)	14	13	14	7	-14	1
Armenia	GDP per capita (current US$)	1,598	2,080	2,995	3,787	2,769	2,996
Armenia	GDP per capita growth (annual %)	14	13	14	7	-14	1
Azerbaijan	GDP (current US$, mln)	13,245.4	20,982.3	33,049.4	46,258.2	43,019.4	51,092.2
Azerbaijan	GDP growth (annual %)	26	35	25	11	9	5
Azerbaijan	GDP per capita (current US$)	1,578	2,473	3,851	5,279	4,808	5,647
Azerbaijan	GDP per capita growth (annual %)	25	33	24	8	7	4
Georgia	GDP (current US$, mln)	6,411.1	7,745.4	10,172.9	12,795	10,766.8	11,667.4
Georgia	GDP growth (annual %)	10	9	12	2	-4	6
Georgia	GDP per capita (current US$)	1,470	1,761	2,318	2,919	2,441	2,620
Georgia	GDP per capita growth (annual %)	9	8	13	2	-4	5

Fonte: Banco Mundial

As estruturas dos PIBs destes três países do Cáucaso do Sul diferem especialmente no que respeita à percentagem da indústria no PIB. A percentagem mais elevada da indústria no PIB é a do Azerbaijão, o que não deve surpreender se se tiver em conta o volume da indústria petrolífera. Em 2007, a percentagem da extração de petróleo bruto e gás natural na produção industrial do Azerbaijão era de 75,8%, de acordo com os preços actuais. Para efeitos de comparação, o mesmo indicador em 2000 era de 53,4%[25] . A Arménia é a segunda neste indicador e a Geórgia é a terceira na região em termos de percentagem da indústria no PIB. De acordo com os dados do Banco Mundial, a Arménia tem a

---

[25] Anuário estatístico do Azerbaijão 2008

percentagem mais elevada da agricultura no PIB, enquanto o Azerbaijão tem a mais baixa. A percentagem da agricultura no PIB da Geórgia é ligeiramente superior à do Azerbaijão.

Quadro 16: Percentagem da agricultura e da indústria no PIB dos países do Cáucaso do Sul

Country Name	Series Name	2005	2006	2007	2008	2009	2010
Armenia	Agriculture, value added (% of GDP)	21	20	20	18	21	20
Armenia	Agriculture, value added (annual % growth)	11	1	10	1	-1	2
Armenia	Industry, value added (% of GDP)	45	45	44	45	35	34
Armenia	Industry, value added (annual % growth)	17	17	12	7	-34	0
Azerbaijan	Agriculture, value added (% of GDP)	10	8	7	6	8	8
Azerbaijan	Agriculture, value added (annual % growth)	7	1	4	6	6	5
Azerbaijan	Industry, value added (% of GDP)	64	69	68	70	60	62
Azerbaijan	Industry, value added (annual % growth)	43	49	33	10	2	3
Georgia	Agriculture, value added (% of GDP)	17	13	11	9	10	10
Georgia	Agriculture, value added (annual % growth)	12	-12	9	-4	-6	1
Georgia	Industry, value added (% of GDP)	27	25	24	22	21	21
Georgia	Industry, value added (annual % growth)	12	13	13	-4	-4	-5

Fonte: Banco Mundial

Relativamente à estabilidade dos preços na região, é de notar que os três países diferem substancialmente. O índice de preços no consumidor atinge o seu valor mais elevado no Azerbaijão, onde em 2010 foi registado um aumento de 64% do índice em comparação com o nível de preços em 2005. O IPC mais baixo foi registado na Arménia, com um aumento de 131% em comparação com o nível de preços em 2005. A Geórgia é o segundo país com este indicador, com 143%. De acordo com os critérios de Maastricht, os índices harmonizados de preços no consumidor em 2010 devem ser, no máximo, de 1%. Por conseguinte, embora a Arménia tenha tido o melhor desempenho em termos de IPC, não é de longe um indicador satisfatório para os critérios de Maastricht.

Quadro 17: Índices de preços no consumidor na Arménia, Azerbaijão e Geórgia (2005 = 100)

Country Name	2006	2007	2008	2009	2010
Armenia	103	107	117	121	131
Azerbaijan	108	126	153	155	164
Georgia	109	119	131	133	143

Fonte: Banco Mundial

Após esta breve comparação das economias das repúblicas do Cáucaso Meridional, vamos agora analisar as vantagens e os benefícios da cooperação regional no Cáucaso Meridional para a UE, a Turquia e a própria região. É de notar que os benefícios desta cooperação para os países acima mencionados estão inter-relacionados. Devemos também notar que os três Estados do Cáucaso Meridional e a Turquia são membros da OCEMN e que a Arménia, a Geórgia e a Turquia são membros da Organização Mundial do Comércio (OMC). Isto, de facto, pode ser considerado uma boa base para a cooperação regional e para o comércio intra-regional.

A Turquia é o principal parceiro comercial e político do Azerbaijão. Este último exporta petróleo e gás para a Turquia. O oleoduto Baku - Tbilisi - Ceyhan foi inaugurado em 2005. Transporta petróleo bruto do Mar Cáspio para a cidade costeira mediterrânica da Turquia, Ceyhan. Obviamente, uma via mais curta e, consequentemente, menos dispendiosa, poderia ser o transporte de petróleo de Baku para o Mar Mediterrâneo através da Arménia. As vantagens para a Arménia e para a Turquia são óbvias. Podemos substituir a Turquia pela União Europeia neste caso, se a Turquia aderir à União Europeia. Existe também o gasoduto Baku - Tbilisi - Erzurum. Podemos concluir o mesmo relativamente a esta rota.

O sector petrolífero do Azerbaijão e a sua economia no seu conjunto beneficiarão igualmente da cooperação regional e da reintegração da sua economia com a Arménia. Já mencionámos os estreitos laços económicos entre a Arménia e o Azerbaijão durante o período soviético. Se excluirmos do comércio bilateral entre estes dois países as importações de produtos petrolíferos do Azerbaijão para a Arménia, torna-se evidente que a economia azeri dependia mais do comércio com a Arménia do que o contrário. A Arménia importava um pequeno número de bens do Azerbaijão, enquanto que este último importava da Arménia um maior número de bens, particularmente produtos químicos utilizados na sua indústria de reprocessamento de petróleo. Após o colapso da União Soviética, o Azerbaijão importa os mesmos produtos de países muito mais distantes e, consequentemente, a preços muito mais elevados do que seria de outro modo. A cooperação regional e o comércio livre na região resultarão num alargamento do mercado, o que, por sua vez, trará benefícios para os consumidores em termos de maior variedade e preços mais baixos. O segundo efeito será o aumento da concorrência, uma vez que o número de produtores no mercado aumentará. O próprio mercado aumentará de dimensão, tornando-se mais atrativo para os investimentos diretos estrangeiros. Atualmente, o número de habitantes da Arménia, da Geórgia e do Azerbaijão é de 3,2, 4,4 e 8,9, respetivamente[26] , num total de 16,5 milhões.

É importante mencionar aqui o poder energético da Arménia à luz da cooperação regional e da segurança energética. Esta última, juntamente com outras, faz parte dos objectivos da Parceria Oriental. Gradualmente, as vastas capacidades da Arménia em matéria de energia são utilizadas para desenvolver fontes de energia alternativas e renováveis. Embora a energia solar já seja utilizada na Arménia, a sua quota-parte no balanço energético do país continua a ser trivial. Em vez disso, há uma grande tendência para a exploração de centrais eólicas.[27] Atualmente, a Arménia é um país autossuficiente na satisfação da sua procura de eletricidade, embora utilize apenas um terço das suas capacidades totais. Por conseguinte, os volumes de exportação de eletricidade podem ser multiplicados no caso de relações comerciais normais com o Azerbaijão e a Turquia. Já existe um acordo para exportar da Arménia para a Turquia 4,5 milhões de kWh por ano. A

---

[26] Dados dos serviços nacionais de estatística da Arménia, Geórgia e Azerbaijão
[27] Mercados energéticos regionais e eficiência energética, T. Manasserian

cooperação regional neste domínio pode constituir a base de uma maior integração das economias da região. A criação de um mercado único da energia tornará também a região mais atractiva para os investimentos estrangeiros.

Como vantagem competitiva para a Arménia, podemos considerar o sector das TI. Em 2000, o governo anunciou que a indústria das TI era o sector privilegiado do desenvolvimento económico. As empresas da Arménia no sector das TI envolvem capitais dos EUA, da UE e da Rússia, com quotas respectivas de 70%, 15% e 15% .[28]

As vantagens competitivas são:

- As capacidades intelectuais e de engenharia anteriormente criadas,
- Salários comparativamente baixos; 3-4 vezes mais baixos do que nos países desenvolvidos
- Necessidade de investimentos relativamente pequenos, de modo a que os investimentos sejam compensados num curto espaço de tempo

Atualmente, a Arménia tem a possibilidade de desenvolver a indústria das TI e de utilizar plenamente os recursos humanos existentes, bem como de preparar e formar profissionais do sector das TI. É de salientar que a Arménia era a 1st de todas as repúblicas soviéticas com licenciados per capita. As vantagens do desenvolvimento do sector das TI são a elevada elasticidade do mercado das TI, a preferência dos investidores estrangeiros por este sector e a vantagem mais importante para um país em bloqueio como a Arménia é que a exportação de novas tecnologias é fácil, rápida e sem custos de transporte adicionais.

---

[28]. A. Vardanyan, A. Grigoryan, "As questões actuais sobre o desenvolvimento da informação-Communicative Technologies in RA", Yerevan, 2004, p. 531

Para conhecer o potencial de importação e exportação da Arménia, do Azerbaijão e da Geórgia, calculámos os coeficientes de especialização intra-setorial (ISSC) para cada país.

Este coeficiente é calculado pela seguinte fórmula:

$$\frac{NE}{TO}$$

em que NE representa as exportações líquidas do país para o grupo de produtos e TO representa o volume de negócios total do país para o grupo de produtos. Os coeficientes variam entre [-1; 1]. Se o ISSC for igual a -1 para um determinado grupo de produtos, isso significa que o país é um importador absoluto desse grupo de produtos. Caso o coeficiente seja igual a 1 para um determinado grupo de produtos, o país é um exportador absoluto desse grupo de produtos. Os grupos de produtos para os três países do Cáucaso do Sul são os mesmos: existem 20 capítulos com os respectivos subcapítulos. Para a Arménia e o Azerbaijão são considerados os dados de 2010, para a Geórgia são considerados os dados de 2009 .[29]

As nossas observações mostram que as três repúblicas do Cáucaso do Sul dependem fortemente das importações. A mais dependente das importações é a Arménia, onde os coeficientes do ISS para todos os grupos de produtos obtêm valores negativos. Os valores mais próximos de -1 para a Arménia correspondem aos oito grupos de produtos seguintes: Gorduras e óleos animais ou vegetais (-0,99), Produtos químicos (-0,94), Madeira e obras de madeira (-0,98), Pastas de madeira e de papel (-0,98), Calçado, chapéus e suas partes (-0,91), Máquinas, aparelhos e materiais eléctricos (-0,91), Veículos, aeronaves, embarcações e material de transporte associado (-0,97), Artigos diversos. Há dois grupos de produtos com valores de coeficiente muito

---

[29] Dados dos serviços nacionais de estatística da Arménia, Geórgia e Azerbaijão

próximos de zero: Pérolas, pedras preciosas, metais preciosos e suas obras (-0,08) e Metais comuns e suas obras (-0,04). O coeficiente do ISS para todos os grupos de produtos da Arménia é de -O,56 .[30]

No caso da Geórgia, os coeficientes de todos os grupos de produtos, com exceção de um, são negativos. O único grupo de produtos com um coeficiente positivo é o das Pérolas, pedras preciosas, metais preciosos e artigos, com um valor de +0,89. Tal como no caso da Arménia, há oito grupos de produtos com coeficientes inferiores a -0,9. O coeficiente do ISS para todos os grupos de produtos da Geórgia é aproximadamente o mesmo da Arménia, -0,58 .[31]

O Azerbaijão tem quatro grupos de produtos com coeficientes positivos: Gorduras e óleos animais ou vegetais (+0,34), Produtos minerais (+0,98), Peles e couros em bruto, couro (+0,62) e Pérolas, pedras preciosas, metais preciosos e suas obras (+0,72). Ao passo que tem nove grupos de produtos com coeficientes inferiores a -0,9 .[32]

É claro que há produtos com coeficientes de ISS positivos, mesmo nos grupos de produtos com coeficiente negativo no seu conjunto. Estes coeficientes do ISS mostram-nos mais uma vez que os três países precisam de cooperar e integrar as suas economias. Estes coeficientes mostram que, embora a Arménia dependa muito das importações, há grupos de produtos em relação aos quais a Arménia pode candidatar-se a país exportador em caso de relações económicas normais na região e de eliminação de barreiras comerciais, como fronteiras fechadas e custos de transporte elevados.

A adesão à UE dos países da região e, em particular, da Arménia, pode trazer benefícios mútuos para ambas as partes. O sector das TI da

---

[30] Coeficientes do ISS da Arménia para todos os grupos de produtos - ver apêndice 1
[31] Coeficientes do ISS da Geórgia para todos os grupos de produtos - ver apêndice 2
[32] Coeficientes do ISS do Azerbaijão para todos os grupos de produtos - ver apêndice 3

Arménia, que se encontra em desenvolvimento, e as suas capacidades energéticas bastante elevadas podem certamente ser do interesse da UE. A Turquia, enquanto atual país candidato, tem a possibilidade de se tornar membro da UE. Isto fará com que a Arménia e a UE se tornem vizinhos. O comércio direto entre a Arménia e a Turquia atenuará a desigualdade de desenvolvimento regional na Turquia. Isto significa que ajudará a UE, que tenta alcançar a convergência entre as suas regiões. A integração regional no Cáucaso Meridional favorecerá também a segurança energética da UE, fazendo chegar o petróleo e o gás do Cáspio a esta última através da Arménia, que é o caminho mais curto e economicamente mais eficiente.

CAPÍTULO 4

Conclusão

A adesão à União Europeia é vista por vários países como a melhor perspetiva para as suas economias. Alguns dos países do antigo bloco socialista já são membros da UE, enquanto outros têm ainda um longo caminho a percorrer até à adesão. Desde a sua independência, a República da Arménia empreendeu um grande número de reformas económicas e políticas com o objetivo de realizar a transição de uma economia planificada para uma economia de mercado. Embora a Arménia já tenha registado enormes progressos na aplicação das reformas, muito está ainda por fazer. As pontuações relativas à transição atribuídas pelo BERD testemunham os progressos registados e indicam a necessidade de novas reformas.

A economia da RA passou por um período bastante favorável no início deste século, mas a crise financeira mundial revelou a sua grande vulnerabilidade, nomeadamente a forte dependência das remessas e a necessidade de diversificação das suas exportações. O fraco desempenho das exportações deve ser atribuído, pelo menos parcialmente, ao atual bloqueio da Turquia e do Azerbaijão. Os custos de transporte na Arménia são os mais elevados da região e cerca do dobro da média mundial.

As relações económicas entre a Arménia e a UE estão a tornar-se activas. Esta última é o principal parceiro do comércio externo da AR. Os principais componentes das importações da UE provenientes da Arménia são o ferro e o aço. O APC constitui o quadro jurídico das relações entre a UE e a Arménia. A Cimeira de Praga, realizada em maio de 2009, lançou uma Parceria Oriental estratégica e ambiciosa como uma dimensão específica da Política Europeia de Vizinhança.

Os coeficientes do ISS mostram a forte dependência da Arménia em relação às importações. As mesmas tendências registam-se também na Geórgia e no Azerbaijão. Este último, porém, tem quatro grupos de produtos com coeficientes positivos.

O sector das TI é uma vantagem competitiva da Arménia. O desenvolvimento deste sector terá uma influência crucial na economia da Arménia. As enormes capacidades energéticas da Arménia, que envolvem fontes tradicionais, bem como fontes alternativas e renováveis, podem ser a garantia da segurança económica na região e contribuir para o desempenho das exportações da Arménia.

Referências

Centro Arménio-Europeu de Assessoria Política e Jurídica, A União Europeia em detalhe, manual, Erevan 2006

Centro Arménio-Europeu de Assessoria Política e Jurídica, Economic Developments of Armenia, Relatório Anual 2010

Conselho da UE, Declaração conjunta da Cimeira da Parceria Oriental, Varsóvia 2011

Djankov S., Freund C., Disintegration and Trade Flows: Evidence from The Former Soviet Union, Banco Mundial, junho de 2000

Centro de Investigação e Análise Socioeconómica, Doing Business in Armenia and Turkey, Livro Branco, junho de 2009

Conselho da União Europeia, Declaração conjunta da Cimeira da Parceria Oriental, Varsóvia, 29-30 de setembro de 2011

Banco Europeu para a Reconstrução e o Desenvolvimento, Recuperação e Reforma, Relatório de Transição 2010

Plano de Ação UE-Arménia

Banco Central Europeu, Relatório de Convergência, maio de 2010

Anuário regional do Eurostat 2010

Freedom house, Nações em trânsito 2011

Freinkman L., Growth challenge and government policies in Armenia, a World Bank country study, EUA, fevereiro de 2002, p. 29

Freinkman L., Polyakov E., Revenko C. Armenia's Trade Performance in 1995-2002 and the Effect of Closed Borders. A Cross-Country Perspective, Grupo de Investigação de Política Internacional da Arménia, Documento de Trabalho n.º 04/04, janeiro de 2004

Gabrielyan G., Accession of the Republic of Armenia to the World Trade Organization, Armenian-European Policy and Legal Advice Centre, working paper N15, May 2003

Grabbe H., Europeanisation Goes East: Power and Uncertainty in the EU Accession

Process, Centre for European Reform, Londres, e Wolfson College, Oxford, maio de 2002

Fundo Monetário Internacional, the Economic Crisis in Armenia. Causes, Consequences and Cures, Yerevan 2009

Jijyan V., Armenia and the Prospects of the Economic Development of the Region, Centro Arménio de Estudos Nacionais e Internacionais

Jrbashyan T., Barseghyan H., Estudo do impacto económico na economia arménia decorrente da reabertura das fronteiras turco-arménias

Manasserian T., Regional energetic markets and energetic efficiency (Mercados energéticos regionais e eficiência energética)

Milcher S., Slay B., The Economics of the "European Neighborhood Policy": An Initial Assessment, documento de conferência, Varsóvia, abril de 2005

Ministério da Economia da República da Arménia, Relatório Económico da Arménia 2009. Da crise ao novo desenvolvimento, Yerevan 2009

Moussis N., Access to European Union: law, economics, policies, 15^ edition, European Study Service 2006

Serviço Nacional de Estatística da República da Arménia, Peculiaridades e fases das reformas económicas na Arménia 1991-1998, outubro de 1992

Polyakov E., Changing Trade Patterns after Conflict Resolution in South Caucasus, Banco Mundial, 2001

Anuário estatístico da Arménia 2009

Anuário estatístico da Arménia 2010

Anuário estatístico da Arménia 2011

Anuário estatístico do Azerbaijão 2008

Anuário estatístico da Geórgia 2008

Anuário estatístico da Geórgia 2009

O Tratado de Maastricht

Transparência Internacional, Índice de Perceção da Corrupção 2010

Vardanyan A., Grigoryan A., "The Current Issues on Development of Information-Communicative Technologies in RA", Yerevan, 2004, p. 531

Banco Mundial, Arménia: The Challenge of Reform in the Agricultural Setor, a World Estudo do Banco sobre o país, Washington, 1995

Banco Mundial, Arménia - o Tigre do Cáucaso, 2006

Banco Mundial e Sociedade Financeira Internacional, Doing business 2012, EUA

Appendix 1:   Coeficientes do ISS para a Arménia

Product Group	Export	Import	Net Export	Turnover	ISSC
Lives animals, animal products	23552.1	101448.5	-77896.4	125000.6	-0.623168
Vegetables products	15845	214070.2	-198225.2	229915.2	-0.862167
Animals or vegetable fats and oils	29.1	49217.1	-49188	49246.2	-0.998818
Prepared food-stuffs; beverages, spirits and vinegar; tobacco	131065.6	308810.4	-177744.8	439876	-0.404079
Mineral products	306752.7	666021.6	-359268.9	972774.3	-0.369324
Products of the chemical	9137.8	273514.6	-264376.8	282652.4	-0.935342
Plastic and articles thereof; rubber and articles thereof	15484.5	148135.8	-132651.3	163620.3	-0.810726
Raw hides and skins, leather, fur, skins and articles thereof	2242.5	9168.2	-6925.7	11410.7	-0.606948
Wood and articles of wood, plaiting materials	710.8	56545.5	-55834.7	57256.3	-0.975171
Pulp of wood; paper, paperboard and articles thereof	706.5	68348.7	-67642.2	69055.2	-0.979538
Textiles and textile articles	6751.2	122558.5	-115807.3	129309.7	-0.895581
Footwear, headgear, umbrellas, walking stick, feather, artificial flowers	1423.4	31994.2	-30570.8	33417.6	-0.914811
Articles of stone, plaster, cement, asbestos, mica; glass and glassware	16108.3	82482.9	-66374.6	98591.2	-0.67323
Pearls, precious stones, precious metals and articles thereof	134049.4	158867.6	-24818.2	292917	-0.084728
Base metals and articles of base metal	341290.2	368197.7	-26907.5	709487.9	-0.037925
Machinery and mechanical appliances, electrical equipment, apparatus	30078.2	651810.4	-621732.2	681888.6	-0.91178

Vehicles, aircraft, vessels and associated transport equipment	4999.2	297132.6	-292133.4	302131.8	-0.966907
Optical, photographic, checking, medical instruments and apparatus; clocks and watches; musical instruments	7344.5	69638.8	-62294.3	76983.3	-0.809192
Miscellaneous manufactured articles	1623	69542.2	-67919.2	71165.2	-0.954388
Works of art, collectors pieces and antiques	723.8	1448.2	-724.4	2172	-0.333517
Total	1041056.6	3748953.5	-2707896.9	4790010.1	-0.565322

Appendix 2:   Coeficientes de ISS para a Geórgia

Product Group	Export	Import	Net Export	Turnover	ISSC
Lives animals, animal products	40120	115792	-75672	155912	-0.48535
Vegetables products	127008	236174	-109166	363182	-0.30058
Animals or vegetable fats and oils	398	49915	-49517	50313	-0.98418
Prepared food-stuffs; beverages, spirits and vinegar; tobacco	148946	373431	-224485	522377	-0.42974
Mineral products	135534	822559	-687025	958093	-0.71708
Products of the chemical	104428	387785	-283357	492213	-0.57568
Plastic and articles thereof; rubber and articles thereof	1871	165048	-163177	166919	-0.97758
Raw hides and skins, leather, fur, skins and articles thereof	2219	8865	-6646	11084	-0.5996
Wood and articles of wood, plaiting materials	22790	54148	-31358	76938	-0.40757
Pulp of wood; paper, paperboard and articles thereof	3080	106116	-103036	109196	-0.94359
Textiles and textile articles	25265	148927	-123662	174192	-0.70992
Footwear, headgear, umbrellas, walking stick, feather, artificial flowers	1233	36490	-35257	37723	-0.93463
Articles of stone, plaster, cement, asbestos, mica; glass and glassware	4657	105544	-100887	110201	-0.91548
Pearls, precious stones, precious metals and articles thereof	117792	6348	111444	124140	0.897728
Base metals and articles of base metal	236837	540322	-303485	777159	-0.39051
Machinery and mechanical appliances, electrical equipment, apparatus	29177	671141	-641964	700318	-0.91667
Vehicles, aircraft, vessels and associated transport equipment	122409	368132	-245723	490541	-0.50092
Optical, photographic, checking, medical instruments and apparatus; clocks and watches; musical instruments	2862	63186	-60324	66048	-0.91334
Miscellaneous manufactured articles	6330	105401	-99071	111731	-0.88669
Works of art, collectors pieces and antiques	666	766	-100	1432	-0.06983
Total	1133622	4366106	-3232484	5499728	-0.58775

Appendix 3:   Coeficientes do ISS para o Azerbaijão

Product Group	Export	Import	Net Export	Turnover	ISSC
Lives animals, animal products	547.3	86215.9	-85668.6	86763.2	-0.98738405
Vegetables products	190337.2	437424.0	-247086.8	627761.2	-0.39359999
Animals or vegetable fats and oils	188255.5	93706.1	94549.4	281961.6	0.335327222
Prepared food-stuffs; beverages, spirits and vinegar; tobacco	214202.9	616372.1	-402169.2	830575.0	-0.48420576
Mineral products	20119943.9	208159.5	19911784.4	20328103.4	0.979520027
Products of the chemical	47886.7	437889.4	-390002.7	485776.1	-0.80284456
Plastic and articles thereof; rubber and articles thereof	84664.1	225455.2	-140791.1	310119.3	-0.45399013
Raw hides and skins, leather, fur, skins and articles thereof	11798.5	2742.4	9056.1	14540.9	0.62280189
Wood and articles of wood, plaiting materials	1053.2	164966.6	-163913.4	166019.8	-0.98731236
Pulp of wood; paper, paperboard and articles thereof	4073.9	127093.3	-123019.4	131167.2	-0.93788234
Textiles and textile articles	42785.2	61035.3	-18250.1	103820.5	-0.17578513
Footwear, headgear, umbrellas, walking stick, feather, artificial flowers	33.1	7103.9	-7070.8	7137.0	-0.99072439
Articles of stone, plaster, cement, asbestos, mica; glass and glassware	1386.6	201715.4	-200328.8	203102.0	-0.98634578
Pearls, precious stones, precious metals and articles thereof	82713.3	13671.4	69041.9	96384.7	0.716315971
Base metals and articles of base metal	126221.4	925168.1	-798946.7	1051389.5	-0.75989602
Machinery and mechanical appliances, electrical equipment, apparatus	38585.9	1903199.7	-1864613.8	1941785.6	-0.9602573
Vehicles, aircraft, vessels and associated transport equipment	181123.2	796946.3	-615823.1	978069.5	-0.62963123
Optical, photographic, checking, medical instruments and apparatus; clocks and watches; musical instruments	7019.0	174679.8	-167660.8	181698.8	-0.92274027
Miscellaneous manufactured articles	4611.7	94249.8	-89638.1	98861.5	-0.90670382
Works of art, collectors pieces and antiques	335 .5	40733.0	-40397.5	41068.5	-0.98366144
Total	21360210.2	6600611.6	14759598.6	27960821.8	0.527867124

Printed by Books on Demand GmbH, Norderstedt / Germany